# b' fuddled

## B. B. Brammer
### VOLUME 1

**ARCHWAY**
PUBLISHING

Archway Publishing books may be ordered
through booksellers or by contacting:

Archway Publishing
1663 Liberty Drive
Bloomington, IN 47403
www.archwaypublishing.com
844-669-3957

ISBN: 978-1-4808-9663-5 (sc)
ISBN: 978-1-4808-9664-2 (e)

Library of Congress Control Number: 2020918353

Print information available on the last page.

Archway Publishing rev. date: 06/07/2021

To Puzzle Lovers Everywhere,

Remember the word Conundrum because the meaning of this word will **b'fuddle** your mind as do the puzzles in this book.

No one can be bored when there is a puzzle to solve.

-B.B.B.

Also by B.B. Brammer:

Links to Logic

## Acknowledgements

With help, this manuscript exists.

Special Thanks to:

Helen Wilson: English grammar specialist— corrected the directions so they didn't end in a conundrum!

Sharon Scott: meeting by chance, a fellow writer and puzzle enthusiast spent an abundance of time to correct all 150 puzzles.

Mindi Wood: transitioned the scribbles and eraser marks to ready-to-play puzzles.

Izzy Kersley: age 16, used her artistic talent to create this beautiful cover!

Clara Steege: age 15, drew oodles of doodles and creating this adorable title page!

Puzability: a puzzle company in New York for reviving this long forgotten Japanese Puzzle, Tentaizu.

# Table of Contents:

Preface

- Origin.........................................1
- Mathematical Thought Process

The Task.............................................2

Explanations........................................3

- Facts
- Hidden Star
- Hints
- Practice puzzle
- Use of coordinates
- How to solve Step by Step

Puzzles & Answers

- 4x4 Boards.............................11
- 4x4 Answers.........................29
- 6x6 Boards.............................39
- 6x6 Answers.........................71
- 7x7 Boards.............................79
- 7x7 Answers.........................167

Create Your Own After Answers in Each Section

# Origin

The original inventor of this Japanese puzzle is unknown. Puzzability, a puzzle company in New York, revived this game under the name, Tentaizu, meaning "celestial map".

Many years have passed since the Tentaizu puzzle's revival in a late 2000's; yet my desire to continue the game has been ever present. Puzzles were written on whatever scrap of paper I had had at the time, from spiral notebooks to hotel pads. I've added my own flair to the original puzzle combining Minesweeper, Sudoku and Tentaizu for the ultimate **b'fuddling** challenge.

These puzzles were generated by a
puzzle *"aficionado"*—no robots here!

# Mathematical Thought Processes

**b'fuddled** puzzles are useful in developing skills such as:

Math Sense
Process of Elimination
Reasoning
Logic
Analyzing
Visual Acuity
Finding a Finite Set
Coordinates

# The Task

**b'fuddled** is played on grids with the number on the grid providing clues leading to your answer. The number in a "cell" indicates how many dots are placed next to it in adjacent cells. This means the dots are found horizontally, vertically, and diagonally in the boxes surrounding the number. No dots touch a "0". Your task is to determine the position of the dots.

There are 3 grids on which to play:

- Determine the position of 3 dots on a 4 x 4 board with 16 cells.
- Determine the position of 7 dots on a 6 x 6 board with 36 cells.
- Determine the position of 10 dots on a 7 x 7 board with 49 cells.

  ★ Note: 7 x 7 puzzles may have a hidden star! (see hidden star under Explanation's section)

Discovering the rules for oneself is invigorating for some. If you like the challenge of attempting a puzzle feel free to continue on to the main puzzles.

# Explanations:

## Facts

- Only numbers 0 - 4 are used in each puzzle. There are no dots surrounding or "touching" a zero horizontally, vertically, or diagonally.
- Only 3, 7 or 10 dots are allowed in each puzzle depending on the board you choose.
- Zero's can have a number next to it, but NO DOTS.

For example cells touching "3" may only have that number of dots surrounding it.

| # | # of Dot's |
|---|------------|
| 0 | 0 |
| 1 | 1 |
| 2 | 2 |
| 3 | 3 |
| 4 | 4 |

## Hidden "Star"

A hidden star may be found only on a 7 x 7 board. They can be found on the edge, the corner or somewhere inside the grid. They are found only if your completed puzzle renders 9 dots. The star is the 10th. Find the center of each area grid. All stars that equate to the 10th dot, are surrounded by empty cells.

# Hidden Star Examples:

Stars can be found inside a 2x3, 2x5, 2x7, 3x3, or a 3x5 grid.

**2x3**

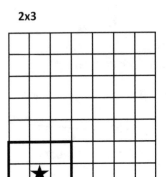

**2x5**

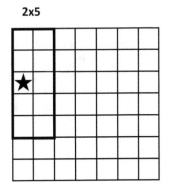

**2x7**

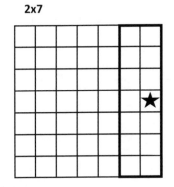

**3x3**

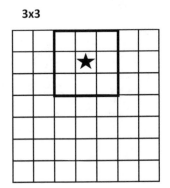

**3x5**

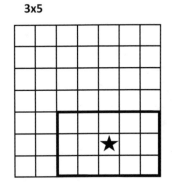

# Hints

- Always begin with a zero if one is in your puzzle. For zeros, X-out all the cells adjacent to the zero. Zeros are helpful because X-ing out the cells gives a visual cue to the player. Example for a "0":

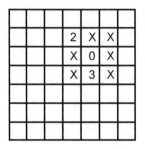

- Sometimes, beginning in the center, corner, or choosing the higher, 3 or 4, is helpful.

- A dot can serve one number or several.

- Remember to move your dots around until there is but one solution. Puzzles might work with 8 on a 7 x 7 board, but the puzzle is not correct until you have 10 DOTS.

- Use a PENCIL with an ERASER!!

Try solving the practice puzzle below. If you have the hang of it—disregard further instruction pages.

Practice Puzzle:

| | | | | | | 1 |
|---|---|---|---|---|---|---|
| | | | 3 | | | 1 |
| | | | | 2 | | |
| | | 4 | | | | |
| | 3 | | 0 | | | |
| 1 | | | | | | |
| | 1 | | 2 | | | 2 |

Solution:

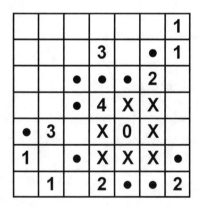

If you are still **"b'fuddled"**, and would like further guidance, please continue on to the Step by Step Explanation.

# Use of Coordinates

Using math coordinates will help in the explanation of a puzzle step by step. To find the coordinates, one must use the "x" (horizontal) axis and the "y" (vertical) axis.
Mathematically, the "x" axis moves right-wise across the bottom edge of the puzzle. The algebraic "y" moves vertically up the left edge of the puzzle. In this exercise, the x and y axis' refer to the cell itself, not a corner of a cell.

The first letter of the coordinate in the parenthesis meaning the "C" in (C,d) moves across the bottom of the puzzle horizontally. The second letter, within the parenthesis meaning the "d" in (C,d) moves vertically up the left side.

Naming the numbers in the cells looks like this:

The 3 is in cell, (C,d)
The 2 is in cell, (D,b)
The 0 is in cell, (B,a)

# How to Solve, Step by Step

Step by Step, continued. . .

1. Cancel the cells surrounding the "0" (C,e) with an X. Do not include the cells with numbers.

| | A | B | C | D | E | F | G |
|---|---|---|---|---|---|---|---|
| g | | 1 | | | | 2 | |
| f | | X | 2 | X | | 3 | |
| e | | X | 0 | X | | | 1 |
| d | | X | 3 | 3 | | 2 | |
| c | | | | | 3 | | |
| b | | | 4 | | | | |
| a | | | | | | | |

2. Look for a grouping—work one group at a time. In the box, the 1 & 2 share a connecting cell (C,g). A dot here would complete the 1 and assist the 2. Place a dot diagonally from the 2 in (D,g) now two dots "touch" the 2.

| | A | B | C | D | E | F | G |
|---|---|---|---|---|---|---|---|
| g | | 1 | • | • | | 2 | |
| f | | X | 2 | X | | 3 | |
| e | | X | 0 | X | | | 1 |
| d | | X | 3 | 3 | | 2 | |
| c | | | | | 3 | | |
| b | | | 4 | | | | |
| a | | | | | | | |

3. SHARE DOTS! In this boxed group, the 2 and 3 share dots (E,g) & (E,f). Notice the two dots "touch" the 2. So far, only two dots are shared with the 3.

| | A | B | C | D | E | F | G |
|---|---|---|---|---|---|---|---|
| g | | 1 | • | • | • | 2 | |
| f | | X | 2 | X | • | 3 | |
| e | | X | 0 | X | | | 1 |
| d | | X | 3 | 3 | | 2 | |
| c | | | | | 3 | | |
| b | | | 4 | | | | |
| a | | | | | | | |

Step by Step, continued. . .

4. In this group, a dot in (F,e) touches the 1, 2, & 3. This move completes the 3 with three dots, and the 1 with one. Add a dot (E,d) to finish the 2.
   Note: If you had placed the dot for the 2 in (G,d), the 1 would illegally have two dots!!

5. Sharing dots between 3 (C,d) and 4 (C,b) can be accomplished by the three dots shown below the 3 and above the 4.

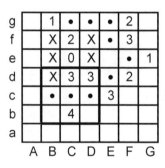

6. Check your answers by counting the dots. What!? Only 9? This 7x7 grid needs 10 dots to complete the puzzle. The 4 (C,b) is missing a dot, and so is the 3 (E,c)! That dot is in (D,b)

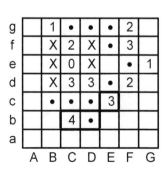

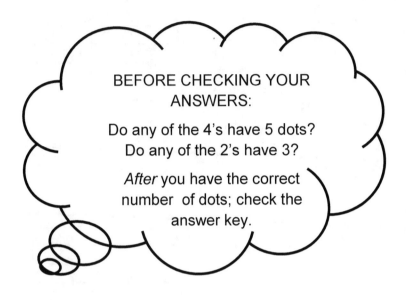

BEFORE CHECKING YOUR ANSWERS:

Do any of the 4's have 5 dots?
Do any of the 2's have 3?

*After* you have the correct number  of dots; check the answer key.

Happy Puzzling !!!

# 4 x 4

# PUZZLES

## (Locate 3 Dots)

1)

| | | | |
|---|---|---|---|
| 1 | | 2 | |
| | 3 | | |
| | | 2 | |

2)

| | 2 | | |
|---|---|---|---|
| | | 3 | 1 |
| | | | |
| | | | |

3)

| 1 |  |   |   |
|---|---|---|---|
|   |  | 2 |   |
| 2 |  | 3 | 1 |
| 1 |  |   | 1 |

4)

|   |   |   | 2 |
|---|---|---|---|
|   |   |   |   |
|   | 1 | 2 |   |
|   |   | 1 |   |

5)

| | 2 | | |
|---|---|---|---|
| | | 3 | |
| | | | 1 |
| | | | 1 |

6)

| | | 1 | |
|---|---|---|---|
| | | | |
| 3 | | | |
| | 2 | | |

7)

| | 2 | 1 | |
|---|---|---|---|
| | | 2 | |
| | 2 | | |
| | | 1 | |

8)

| 1 | | | 1 |
|---|---|---|---|
| | | | 1 |
| | | 3 | |
| | 1 | | |

9)

| | 2 | | 2 |
|---|---|---|---|
| | | 3 | |
| | | | |
| | | | |

10)

| | | | 1 |
|---|---|---|---|
| | | | 2 |
| 1 | 3 | | |
| | 2 | | |

11)

| | | | 1 |
|---|---|---|---|
| | 2 | | 2 |
| | | | 1 |
| | 2 | | |

12)

| | | | |
|---|---|---|---|
| 1 | 2 | 3 | 2 |
| | | | |
| | | 0 | |

13)

| | | 1 | |
|---|---|---|---|
| 2 | 2 | | |
| 1 | | 0 | |
| | | | |

14)

| 1 | | 1 | |
|---|---|---|---|
| | 3 | | |
| | | | 1 |
| | 2 | 2 | |

15)

| 1 |   | 1 |   |
|---|---|---|---|
|   |   |   |   |
| 3 |   |   |   |
|   |   | 2 |   |

16)

|   |   | 1 |   |
|---|---|---|---|
|   |   | 1 |   |
| 2 |   |   |   |
|   | 2 |   |   |

17)

| | | | 1 |
|---|---|---|---|
| 1 | | 3 | |
| | 0 | 1 | |
| | | | |

18)

| | | | |
|---|---|---|---|
| 3 | | 3 | |
| | | | |
| | | | |

19)

| 2 |   |   |   |
|---|---|---|---|
|   |   |   |   |
|   | 3 |   |   |
| 1 | 1 |   |   |

20)

|   | 3 |   |   |
|---|---|---|---|
| 2 |   |   |   |
| 1 |   | 2 |   |
|   |   |   |   |

21)

| | 1 | | |
|---|---|---|---|
| | | | 2 |
| | | | 3 |
| | | 2 | |

22)

| | 1 | | 1 |
|---|---|---|---|
| | 1 | 2 | |
| | | 1 | |
| | 1 | | |

23)

|   |   |   | 1 |
|---|---|---|---|
|   |   | 3 |   |
|   |   |   | 2 |
| 1 |   | 2 |   |

24)

| 1 |   | 0 |   |
|---|---|---|---|
|   | 2 |   | 1 |
|   | 2 |   |   |
|   |   |   |   |

25)

| | 1 | | |
|---|---|---|---|
| | | 3 | |
| | 0 | 2 | |
| | | 1 | |

26)

| | | | 1 |
|---|---|---|---|
| | 1 | | |
| 2 | | 1 | |
| | 1 | | |

| 2 | | | |
|---|---|---|---|
| | | 2 | |
| 2 | 3 | | |
| | | | |

| | 3 | | 2 |
|---|---|---|---|
| | | | |
| | | 2 | 1 |
| | | | |

29)

| 0 |   |   |   |
|---|---|---|---|
| 1 |   | 1 |   |
|   | 3 |   |   |
| 2 |   |   |   |

30)

| 1 |   |   |   |
|   |   | 0 |   |
|   | 2 |   | 2 |
|   |   |   |   |

31)

| 1 | | | |
|---|---|---|---|
| | 3 | | |
| | 3 | | |
| 1 | | | 1 |

32)

| | | | 2 |
|---|---|---|---|
| | | | |
| | 2 | 2 | |
| | | | |

33)

| | | | |
|---|---|---|---|
| | | | |
| | 1 | | |
| | 3 | | |
| 2 | | | 1 |

34)

| | | | |
|---|---|---|---|
| | | | |
| | 2 | | |
| | | 3 | 1 |
| | | | |

# 4 x 4

# ANSWERS

**1)**

| | | | |
|---|---|---|---|
| 1 | • | 2 | |
| | 3 | • | |
| | • | 2 | |

**4)**

| | | • | 2 |
|---|---|---|---|
| | | | • |
| | 1 | 2 | |
| | • | 1 | |

**2)**

| | 2 | • | |
|---|---|---|---|
| | • | 3 | 1 |
| | • | | |
| | | | |

**5)**

| | 2 | • | |
|---|---|---|---|
| | • | 3 | |
| | | • | 1 |
| | | | 1 |

**3)**

| 1 | | | |
|---|---|---|---|
| | • | 2 | |
| 2 | • | 3 | 1 |
| 1 | | • | 1 |

**6)**

| | | 1 | |
|---|---|---|---|
| | • | | |
| 3 | • | | |
| • | 2 | | |

7)

| ● | 2 | 1 |   |
|---|---|---|---|
|   | ● | 2 |   |
|   | 2 | ● |   |
|   |   | 1 |   |

10)

|   |   |   | 1 |
|---|---|---|---|
|   |   | ● | 2 |
| 1 | 3 | ● |   |
| ● | 2 |   |   |

8)

| 1 |   |   | 1 |
|---|---|---|---|
|   | ● | ● | 1 |
|   | ● | 3 |   |
|   | 1 |   |   |

11)

|   |   | ● | 1 |
|---|---|---|---|
|   | 2 |   | 2 |
|   |   | ● | 1 |
| ● | 2 |   |   |

9)

|   | 2 | ● | 2 |
|---|---|---|---|
|   | ● | 3 | ● |
|   |   |   |   |
|   |   |   |   |

12)

|   | ● | ● | ● |
|---|---|---|---|
| 1 | 2 | 3 | 2 |
|   |   |   |   |
|   |   | 0 |   |

**13)**

| ● | ● | 1 |   |
|---|---|---|---|
| 2 | 2 |   |   |
| 1 |   | 0 |   |
| ● |   |   |   |

**16)**

|   |   | 1 |   |
|---|---|---|---|
|   | ● | 1 |   |
| 2 |   |   |   |
| ● | 2 | ● |   |

**14)**

| 1 | ● | 1 |   |
|---|---|---|---|
|   | 3 |   |   |
|   | ● | ● | 1 |
|   | 2 | 2 |   |

**17)**

|   | ● | ● | 1 |
|---|---|---|---|
| 1 |   | 3 |   |
|   | 0 | 1 | ● |
|   |   |   |   |

**15)**

| 1 |   | 1 |   |
|---|---|---|---|
|   | ● |   |   |
| 3 | ● |   |   |
|   | ● | 2 |   |

**18)**

|   | ● |   |   |
|---|---|---|---|
| 3 | ● | 3 |   |
|   | ● |   |   |
|   |   |   |   |

19)

| 2 |   |   |   |
|---|---|---|---|
| • | • |   |   |
| • | 3 |   |   |
| 1 | 1 |   |   |

22)

|   | 1 | • | 1 |
|---|---|---|---|
|   | 1 | 2 |   |
|   |   | 1 | • |
| • | 1 |   |   |

20)

| • | 3 |   |   |
|---|---|---|---|
| 2 | • | • |   |
| 1 |   | 2 |   |
|   |   |   |   |

23)

|   |   |   | 1 |
|---|---|---|---|
|   |   | 3 | • |
|   | • | • | 2 |
| 1 | 2 |   |   |

21)

|   | 1 |   |   |
|---|---|---|---|
|   |   | • | 2 |
|   |   | • | 3 |
|   |   | 2 | • |

24)

| 1 |   | 0 |   |
|---|---|---|---|
| • | 2 |   | 1 |
| • | 2 |   | • |
|   |   |   |   |

33

**25)**

| | 1 | • | |
|---|---|---|---|
| | | 3 | • |
| | 0 | 2 | • |
| | | 1 | |

**28)**

| | 3 | • | 2 |
|---|---|---|---|
| | • | • | |
| | | 2 | 1 |
| | | | |

**26)**

| | | | 1 |
|---|---|---|---|
| • | 1 | | • |
| 2 | | 1 | |
| • | 1 | | |

**29)**

| 0 | | | |
|---|---|---|---|
| 1 | | 1 | |
| • | 3 | • | |
| 2 | • | | |

**27)**

| 2 | | | |
|---|---|---|---|
| • | • | 2 | |
| 2 | 3 | • | |
| | | | |

**30)**

| 1 | | | |
|---|---|---|---|
| • | | 0 | |
| | 2 | | 2 |
| | | • | • |

**31)**

| 1 | | | |
|---|---|---|---|
| • | 3 | | |
| • | 3 | • | |
| 1 | | | 1 |

**33)**

| | | | |
|---|---|---|---|
| | 1 | | |
| • | 3 | | |
| 2 | • | • | 1 |

**32)**

| | | • | 2 |
|---|---|---|---|
| | • | • | |
| | 2 | 2 | |
| | | | |

**34)**

| | | | |
|---|---|---|---|
| | 2 | • | |
| | • | 3 | 1 |
| | • | | |

Create Your Own Puzzles

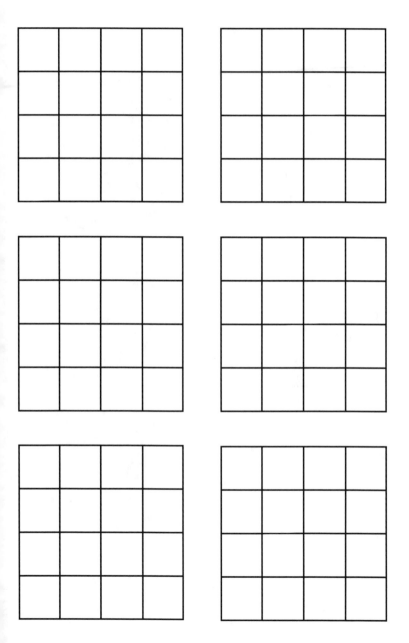

# 6 x 6

# PUZZLES

## (Locate 7 Dots)

35)

| 1 |   | 2 |   |   |   |
|---|---|---|---|---|---|
| 2 |   | 4 |   | 3 |   |
|   |   |   |   | 2 |   |
| 1 |   | 2 |   | 4 | 3 |
|   |   |   |   |   |   |

36)

| | | | | | |
|---|---|---|---|---|---|
| | | | | | |
| | 2 | | 1 | | |
| 2 | | | | | 1 |
| | | | | 1 | |
| | 3 | | 4 | | 0 |
| | 2 | | | 1 | |

37)

| 1 |   |   |   | 2 | 1 |
|---|---|---|---|---|---|
|   |   |   |   |   |   |
|   | 2 | 4 | 4 |   |   |
|   | 2 |   |   |   |   |
|   |   | 3 | 2 |   |   |
|   | 1 |   | 0 |   |   |

38)

| | | 1 | | | |
|---|---|---|---|---|---|
| 2 | 4 | | 2 | | |
| | | | 3 | | |
| | 3 | | | | 1 |
| | | | | 3 | |
| | | 2 | | | 0 |

39)

| | | | | 2 | |
|---|---|---|---|---|---|
| 2 | | 3 | 2 | 3 | 2 |
| | 4 | | | 1 | |
| 2 | | | | | |
| | | | | | |
| | | | | | |

40)

| | | | | | |
|---|---|---|---|---|---|
| | | | | | |
| | | | 3 | | |
| | | | 0 | | |
| | | 1 | | 4 | |
| | | | | | 2 |
| | | | | | |

41)

| | 2 | | | 1 | |
|---|---|---|---|---|---|
| | | 4 | | | |
| | 2 | | 3 | | |
| | | | 3 | | 2 |
| | | | | 3 | |
| | | | | | 1 |

42)

| | 1 | 1 | 1 | | 1 |
|---|---|---|---|---|---|
| | 2 | | | | |
| | 3 | | 4 | | 3 |
| | | 3 | 3 | | |
| 2 | | | | | |
| | | | | | |

43)

| | | | | | |
|---|---|---|---|---|---|
| | | | | | |
| | | | | | 1 |
| | | | 2 | | |
| | 1 | | | | 3 |
| | | 1 | 3 | 4 | |
| | 2 | | 2 | | |

44)

| | 1 | | | 2 | |
|---|---|---|---|---|---|
| | 1 | 3 | | | |
| 1 | | 2 | 2 | 2 | |
| | | | | | 1 |
| | | 3 | | 1 | 1 |
| | 2 | | | | |

45)

| | | | | 2 | 2 |
|---|---|---|---|---|---|
| | | | | | |
| | 1 | 1 | 3 | | |
| | 2 | | | | 2 |
| | | | 3 | | |
| | 1 | 1 | 1 | 2 | |

46)

| | | 3 | | | |
|---|---|---|---|---|---|
| | 1 | 4 | | | |
| | | 2 | | 3 | |
| | | 2 | 3 | | |
| | | | 2 | | |
| | | 2 | | | |

47)

| 2 |   |   |   | 2 |   |
|---|---|---|---|---|---|
|   |   | 3 | 3 |   |   |
|   |   | 1 | 2 |   | 2 |
|   |   |   |   |   | 1 |
| 2 |   |   |   |   |   |
|   | 2 |   |   |   |   |

48)

| | 1 | | | | 2 |
|---|---|---|---|---|---|
| | 2 | | | 3 | |
| | 3 | | 2 | | 1 |
| | | | 3 | | |
| | | | | | |
| | 1 | | | | |

49)

| | | 1 | 1 | | 1 |
|---|---|---|---|---|---|
| | | 2 | | | 1 |
| | 0 | | | 4 | |
| 1 | | | | | 1 |
| | | | | 3 | |
| | | 2 | 1 | | |

50)

| 2 |   | 2 |   | 2 |   |
|---|---|---|---|---|---|
|   |   | 4 |   |   | 2 |
| 3 |   |   | 3 | 3 |   |
|   |   | 2 |   | 1 | 1 |
|   |   | 0 |   |   |   |
|   |   |   |   |   |   |

51)

| 1 |   | 2 |   | 3 |   |
|---|---|---|---|---|---|
|   | 1 |   |   |   |   |
| 1 |   | 3 | 4 |   |   |
|   | 2 |   |   |   |   |
|   |   | 3 | 2 |   |   |
|   |   |   | 0 |   |   |

52)

| | | | | | 1 |
|---|---|---|---|---|---|
| | 0 | | 3 | | |
| | | 4 | | | 3 |
| | | | | | 2 |
| | | 3 | | 2 | |
| | | | | | |

53)

| 2 |   |   |   |   |   |
|---|---|---|---|---|---|
|   | 3 | 4 |   | 2 |   |
|   |   |   |   |   |   |
|   | 2 |   | 4 |   | 1 |
|   |   | 1 |   | 1 |   |
|   |   |   |   |   |   |

54)

| | 1 | 1 | | 2 | |
|---|---|---|---|---|---|
| | 2 | | 3 | | |
| | 3 | | | | 2 |
| | 3 | 2 | 3 | | |
| 1 | | | 2 | | |
| | | | | 1 | 1 |

55)

| 1 |   |   | 4 |   | 2 |
|---|---|---|---|---|---|
|   | 2 | 3 |   |   |   |
|   | 1 |   |   | 4 | 2 |
|   |   | 1 |   |   | 1 |
|   |   | 0 |   |   |   |
|   |   |   |   |   |   |

56)

| | | 1 | | | |
|---|---|---|---|---|---|
| 2 | 4 | | 2 | | |
| | | | 3 | | |
| 2 | 3 | | | | 1 |
| | | | | 2 | |
| | | | 2 | | 0 |

57)

| 1 |   |   |   |   |   |
|---|---|---|---|---|---|
| 2 | 3 |   |   |   |   |
|   |   | 0 |   |   |   |
| 1 |   | 2 | 3 | 3 |   |
|   |   |   |   |   |   |
|   | 1 |   |   |   | 2 |

58)

| 1 |   | 1 | 2 |   | 1 |
|---|---|---|---|---|---|
|   | 1 |   |   |   |   |
|   |   | 2 |   |   | 1 |
| 1 |   |   | 2 |   |   |
| 2 |   |   |   |   | 2 |
|   | 1 |   |   |   |   |

59)

| | | | | | |
|---|---|---|---|---|---|
| | | | | | |
| | | 3 | | | 2 |
| 2 | | | | 4 | |
| | | 2 | | | |
| | | 0 | | 1 | 1 |
| | | | | 1 | |

60)

| | | 1 | 1 | | |
|---|---|---|---|---|---|
| | | | 2 | | |
| | 3 | | | 0 | |
| | 4 | | 3 | | |
| | 4 | | 3 | 1 | |
| 2 | | | 2 | | |

61)

| | 2 | | | | 1 |
|---|---|---|---|---|---|
| 1 | | | | | 2 |
| 2 | | 3 | | | 2 |
| | 2 | | | | 1 |
| | 2 | 2 | 2 | | |
| | | | | 1 | |

62)

| | 1 | | | | |
|---|---|---|---|---|---|
| | 2 | 2 | 2 | | |
| | | | 3 | 1 | |
| | | | 3 | | 1 |
| 1 | 2 | | | 3 | 2 |
| | | 2 | | | 1 |

63)

| 1 |   |   | 3 |   | 3 |
|---|---|---|---|---|---|
| 1 | 2 | 3 |   |   |   |
|   | 1 |   |   | 4 | 3 |
|   |   | 1 |   |   | 1 |
|   |   | 0 |   | 1 |   |
|   |   |   |   |   |   |

64)

| 1 |   |   |   |   | 1 |
|---|---|---|---|---|---|
|   |   | 2 |   |   |   |
|   | 3 |   | 3 |   |   |
|   | 4 | 3 |   | 1 |   |
| 2 |   |   | 1 |   |   |
|   |   |   |   |   |   |

# 6 x 6

# ANSWERS

**35)**

| 1 |   | 2 |   |   |   |
|---|---|---|---|---|---|
|   | ● |   | ● |   |   |
| 2 |   | 4 |   | 3 |   |
|   | ● |   | ● | 2 | ● |
| 1 |   | 2 |   | 4 | 3 |
|   |   |   |   | ● | ● |

**38)**

|   |   | 1 |   |   |   |
|---|---|---|---|---|---|
| 2 | 4 | ● | 2 |   |   |
| ● | ● | ● | 3 |   |   |
|   | 3 |   |   | ● | 1 |
|   |   |   | ● | 3 |   |
|   |   | 2 | ● |   | 0 |

**36)**

|   |   |   |   |   |   |
|---|---|---|---|---|---|
| ● | 2 |   | 1 |   |   |
| 2 | ● |   |   | ● | 1 |
|   |   | ● |   | 1 |   |
|   | 3 | ● | 4 |   | 0 |
|   | 2 | ● | ● | 1 |   |

**39)**

|   |   |   | ● | 2 | ● |
|---|---|---|---|---|---|
| 2 | ● | 3 | 2 | 3 | 2 |
| ● | 4 | ● |   | 1 | ● |
| 2 | ● |   |   |   |   |
|   |   |   |   |   |   |
|   |   |   |   |   |   |

**37)**

| 1 | ● |   |   | 2 | 1 |
|---|---|---|---|---|---|
|   |   | ● | ● |   | ● |
|   | 2 | 4 | 4 |   |   |
|   | 2 | ● | ● |   |   |
|   | ● | 3 | 2 |   |   |
|   | 1 |   | 0 |   |   |

**40)**

|   |   | ● | ● | ● |   |
|---|---|---|---|---|---|
|   |   |   | 3 |   |   |
|   |   |   | 0 |   | ● |
|   |   | 1 |   | 4 | ● |
|   |   |   | ● | ● | 2 |
|   |   |   |   |   |   |

**41)**

| | | | | | |
|---|---|---|---|---|---|
| | 2 | ● | | 1 | |
| | ● | 4 | ● | | |
| | 2 | ● | 3 | | |
| | | | 3 | ● | 2 |
| | | | ● | 3 | ● |
| | | | | | 1 |

**44)**

| | | | | | |
|---|---|---|---|---|---|
| | 1 | ● | ● | 2 | |
| | 1 | 3 | ● | | |
| 1 | | 2 | 2 | 2 | |
| | ● | | | ● | 1 |
| | ● | 3 | | 1 | 1 |
| | 2 | ● | | | |

**42)**

| | | | | | |
|---|---|---|---|---|---|
| | 1 | 1 | 1 | | 1 |
| | 2 | ● | | | ● |
| | 3 | ● | 4 | ● | 3 |
| | ● | 3 | 3 | ● | |
| 2 | ● | | | | |
| | | | | | |

**45)**

| | | | | | |
|---|---|---|---|---|---|
| | | | | 2 | 2 |
| | | | | ● | ● |
| | 1 | 1 | 3 | | |
| | 2 | ● | | ● | 2 |
| | | ● | 3 | | ● |
| | 1 | 1 | 1 | 2 | ● |

**43)**

| | | | | | |
|---|---|---|---|---|---|
| | | | | | |
| | | | | | 1 |
| | | | 2 | ● | |
| | 1 | | | ● | 3 |
| ● | | 1 | 3 | 4 | ● |
| | 2 | ● | 2 | ● | ● |

**46)**

| | | | | | |
|---|---|---|---|---|---|
| | ● | 3 | ● | | |
| | 1 | 4 | ● | | |
| | | 2 | ● | 3 | |
| | | 2 | 3 | ● | |
| | | ● | 2 | | |
| | ● | 2 | | | |

73

**47)**

| | | | | | |
|---|---|---|---|---|---|
| 2 | ● | | ● | 2 | |
| | ● | 3 | 3 | ● | |
| | | 1 | 2 | ● | 2 |
| | | | | | 1 |
| 2 | ● | | | | |
| ● | 2 | | | | |

**50)**

| | | | | | |
|---|---|---|---|---|---|
| 2 | | 2 | | 2 | |
| ● | ● | 4 | ● | ● | 2 |
| 3 | ● | ● | 3 | 3 | ● |
| | | 2 | | 1 | 1 |
| | | 0 | | | |
| | | | | | |

**48)**

| | | | | | |
|---|---|---|---|---|---|
| | 1 | | ● | ● | 2 |
| ● | 2 | | | 3 | ● |
| | 3 | ● | 2 | | 1 |
| | | ● | 3 | | |
| | | ● | | | |
| | 1 | | | | |

**51)**

| | | | | | |
|---|---|---|---|---|---|
| 1 | | 2 | ● | 3 | |
| ● | 1 | | ● | ● | |
| 1 | | 3 | 4 | | |
| | 2 | ● | ● | | |
| | ● | 3 | 2 | | |
| | | | 0 | | |

**49)**

| | | | | | |
|---|---|---|---|---|---|
| | ● | 1 | 1 | | 1 |
| | | 2 | | ● | 1 |
| | 0 | | ● | 4 | |
| 1 | | | ● | ● | 1 |
| | ● | | ● | 3 | |
| | | 2 | 1 | | |

**52)**

| | | | | | |
|---|---|---|---|---|---|
| | | | | | 1 |
| | 0 | | 3 | ● | |
| | | 4 | ● | ● | 3 |
| | ● | ● | ● | ● | 2 |
| | | 3 | | 2 | |
| | | | | | |

**53)**

| | | | | | |
|---|---|---|---|---|---|
| 2 | ● | | | | |
| ● | 3 | 4 | ● | 2 | |
| | | ● | ● | | |
| | 2 | ● | 4 | ● | 1 |
| | | 1 | | 1 | |
| | | | | | |

**56)**

| | | | | | |
|---|---|---|---|---|---|
| | | 1 | | | |
| 2 | 4 | ● | 2 | | |
| ● | ● | ● | 3 | | |
| 2 | 3 | | | ● | 1 |
| | | | ● | 2 | |
| | | ● | 2 | | 0 |

**54)**

| | | | | | |
|---|---|---|---|---|---|
| | 1 | 1 | | 2 | |
| | 2 | ● | 3 | ● | ● |
| | 3 | ● | | | 2 |
| ● | 3 | 2 | 3 | | |
| 1 | | ● | 2 | ● | |
| | | | | 1 | 1 |

**57)**

| | | | | | |
|---|---|---|---|---|---|
| 1 | ● | ● | | | |
| 2 | 3 | | | | |
| ● | | 0 | | | |
| 1 | | 2 | 3 | 3 | |
| | | ● | ● | ● | ● |
| | 1 | | | | 2 |

**55)**

| | | | | | |
|---|---|---|---|---|---|
| 1 | | ● | 4 | ● | 2 |
| ● | 2 | 3 | ● | ● | |
| | 1 | | ● | 4 | 2 |
| | | 1 | | ● | 1 |
| | | 0 | | | |
| | | | | | |

**58)**

| | | | | | |
|---|---|---|---|---|---|
| 1 | | 1 | 2 | ● | 1 |
| ● | 1 | | ● | | |
| | | 2 | | | 1 |
| 1 | ● | | 2 | ● | |
| 2 | | | | ● | 2 |
| ● | 1 | | | | |

**59)**

|   |   |   |   |   |   |
|---|---|---|---|---|---|
|   |   | 3 | ● | ● | 2 |
| 2 | ● |   | ● | 4 | ● |
| ● |   | 2 |   |   |   |
|   |   | 0 |   | 1 | 1 |
|   |   |   |   | 1 | ● |

**60)**

|   |   |   |   |   |   |
|---|---|---|---|---|---|
|   |   | 1 | 1 |   |   |
|   |   | ● | 2 |   |   |
|   | 3 | ● |   | 0 |   |
|   | 4 | ● | 3 |   |   |
| ● | 4 | ● | 3 | 1 |   |
| 2 | ● |   | 2 | ● |   |

**61)**

|   |   |   |   |   |   |
|---|---|---|---|---|---|
|   | 2 |   |   |   | 1 |
| 1 | ● | ● |   | ● | 2 |
| 2 |   | 3 |   | ● | 2 |
| ● | 2 | ● |   |   | 1 |
|   | 2 | 2 | 2 |   |   |
|   |   |   | ● | 1 |   |

**62)**

|   |   |   |   |   |   |
|---|---|---|---|---|---|
|   | 1 | ● |   |   |   |
|   | 2 | 2 | 2 |   |   |
|   |   | ● | 3 | 1 |   |
|   |   | ● | 3 | ● | 1 |
| 1 | 2 |   |   | 3 | 2 |
|   | ● | 2 | ● | ● | 1 |

**63)**

|   |   |   |   |   |   |
|---|---|---|---|---|---|
| 1 | ● |   | 3 | ● | 3 |
| 1 | 2 | 3 | ● | ● | ● |
|   | 1 | ● |   | 4 | 3 |
|   |   | 1 |   | ● | 1 |
|   |   | 0 |   | 1 |   |
|   |   |   |   |   |   |

**64)**

|   |   |   |   |   |   |
|---|---|---|---|---|---|
| 1 |   |   |   |   | 1 |
|   | ● | 2 |   | ● |   |
|   | 3 | ● | 3 | ● |   |
| ● | 4 | 3 |   | 1 |   |
| 2 | ● | ● | 1 |   |   |
|   |   |   |   |   |   |

Create Your Own Puzzles

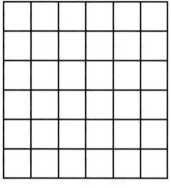

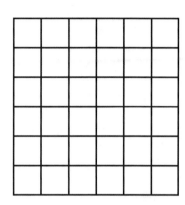

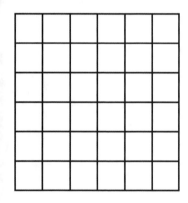

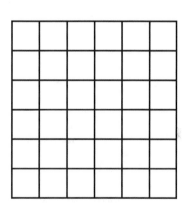

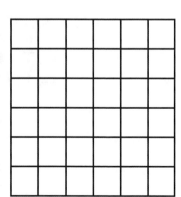

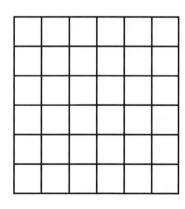

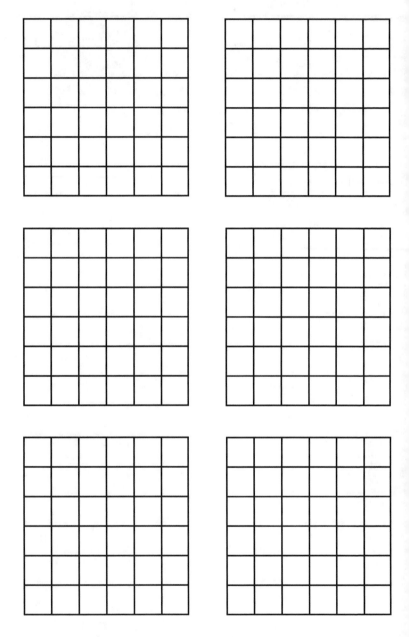

# 7 x 7

# PUZZLES

(Locate 10 Dots)

65)

| | | 2 | 1 | | | |
|---|---|---|---|---|---|---|
| | | 4 | | 2 | | |
| 2 | 4 | | | | 1 | |
| | | | | 3 | 2 | |
| | 1 | | 4 | | 3 | 1 |
| | | 0 | | | | |
| | | | | | | |

## 66)

| | 1 | | | | | |
|---|---|---|---|---|---|---|
| | 2 | 3 | 3 | | | |
| 1 | | | | 3 | 2 | |
| | 2 | | 3 | | 2 | |
| 2 | | 2 | | | | 0 |
| 3 | | | 1 | | | 1 |
| 2 | | | | 1 | | |

67)

| 1 | 2 |   | 2 |   | 2 | 1 |
|---|---|---|---|---|---|---|
| 2 |   |   |   |   |   |   |
|   | 4 | 3 | 2 |   |   | 2 |
| 1 |   |   |   |   |   | 1 |
|   | 2 |   | 3 |   | 3 |   |
|   |   |   |   | 2 |   |   |
|   |   |   |   |   |   |   |

68)

| 1 | | | | | | |
|---|---|---|---|---|---|---|
| | | | 2 | | | |
| | | 4 | | 2 | | |
| 2 | 2 | 4 | 3 | | | |
| | | | | 2 | | |
| | | | | | | |
| | | | 3 | | | |

69)

| | 2 | | 1 | | | |
|---|---|---|---|---|---|---|
| 2 | | | | 1 | | 1 |
| | | | 1 | | 2 | |
| | | | | | 3 | |
| | | 3 | 3 | | 3 | |
| | | | | | | |
| 1 | 2 | | 3 | | | |

70)

| | | | 1 | | 3 | |
|---|---|---|---|---|---|---|
| 1 | 2 | | | | | 2 |
| | 2 | | 1 | | | |
| | | | 3 | 1 | | 1 |
| | 1 | | | | 2 | |
| | | 3 | | 2 | | 1 |
| | | | 1 | | | |

## 71)

| 1 |   | 2 |   | 2 |   |   |
|---|---|---|---|---|---|---|
|   |   |   |   |   | 1 |   |
|   |   | 2 |   | 3 |   |   |
|   |   | 1 | 3 |   |   |   |
|   |   |   |   |   | 3 |   |
|   |   |   | 4 |   | 2 |   |
|   |   |   | 3 | 1 |   |   |

72)

| | | | | | 2 | |
|---|---|---|---|---|---|---|
| 2 | 3 | | | | | 1 |
| | | 2 | | | 2 | |
| | | | 2 | 1 | | |
| | 4 | 4 | 2 | | | |
| 1 | | | | 0 | | |
| | | 2 | 1 | | | |

73)

| | | | | 2 | 1 | |
|---|---|---|---|---|---|---|
| | | 3 | | 3 | | |
| | 2 | | | 3 | | |
| | | | | | | |
| | 1 | 1 | | 2 | | 1 |
| 1 | | | | | 4 | 2 |
| | | | 2 | | | 1 |

74)

| | | | | | | 1 |
|---|---|---|---|---|---|---|
| | 2 | | 0 | 1 | 1 | |
| | | | 3 | 2 | | |
| 4 | | | | | | 1 |
| | 3 | | | 2 | | |
| 2 | | | | | 1 | |
| 1 | | | | | | 0 |

| | | | 1 | 2 | | |
|---|---|---|---|---|---|---|
| 0 | | 2 | | 3 | 2 | 2 |
| | 1 | | | | | 2 |
| | | 3 | 3 | | 3 | |
| | | | | | 4 | |
| | 1 | 2 | 3 | | | 2 |
| | | | 1 | | | |

76)

| | 2 | | 1 | | 2 | |
|---|---|---|---|---|---|---|
| 1 | | | | | | |
| | | 2 | | 3 | | |
| | | 1 | | | | |
| | | 2 | | 3 | | |
| 1 | | | | 0 | | |
| | 1 | | | | 2 | |

77)

| 1 |   |   |   | 2 | 2 | 2 |
|---|---|---|---|---|---|---|
|   |   | 1 |   |   |   |   |
|   | 2 |   | 2 |   | 4 |   |
| 1 |   |   | 3 |   |   | 0 |
|   | 2 |   | 3 | 2 |   |   |
|   |   |   |   |   |   |   |
|   |   |   | 2 | 1 |   |   |

78)

| | 1 | 0 | 2 | | | |
|---|---|---|---|---|---|---|
| | | | 3 | | | |
| 1 | 2 | | | 2 | | |
| | 3 | | 1 | | | |
| | | 3 | | 2 | | |
| 2 | 3 | | | | | 1 |
| | | 2 | | 1 | 1 | |

79)

| | | | 2 | | 1 | |
|---|---|---|---|---|---|---|
| | 1 | | | | | |
| | | 2 | | 2 | | 1 |
| 1 | 3 | | 2 | 2 | | 1 |
| | | | | | 4 | |
| | | 3 | | | | |
| | 1 | | 2 | 2 | | 1 |

80)

| | | | 1 | | | |
|---|---|---|---|---|---|---|
| 2 | | 2 | 1 | | | |
| | 2 | | | | | |
| | | | | | 3 | |
| | | | | 3 | 4 | |
| | 0 | | 2 | 3 | | |
| | | 1 | | | 1 | |

81)

| | | | 4 | | | 1 |
|---|---|---|---|---|---|---|
| | | | | 3 | | |
| | 2 | | | | 1 | |
| | | | 0 | 1 | | 2 |
| 3 | | 3 | | | | |
| | | | | 1 | | |
| | | | | | | |

82)

| 1 |   |   |   |   | 3 |   |
|---|---|---|---|---|---|---|
|   | 1 |   |   |   |   |   |
|   | 1 |   |   | 0 |   |   |
|   |   |   | 2 |   |   |   |
|   |   |   |   |   |   | 3 |
|   |   | 3 |   | 3 | 2 |   |
|   |   |   | 1 |   |   |   |

83)

| 1 |   |   |   |   |   |   |
|---|---|---|---|---|---|---|
|   |   | 2 |   |   |   |   |
| 4 |   |   | 1 |   | 1 |   |
|   |   | 3 |   | 3 |   | 1 |
|   |   |   |   |   | 2 |   |
|   |   | 2 |   |   |   |   |
| 3 |   |   |   |   |   |   |

84)

| | | 3 | | 2 | | 1 |
|---|---|---|---|---|---|---|
| 3 | | | 3 | | | |
| | | | | | 2 | |
| | | 4 | | | 1 | |
| | 0 | | 3 | 3 | | |
| | | | | | | |
| | | | | | 1 | |

85)

| | | | 1 | | | |
|---|---|---|---|---|---|---|
| | | | | | | |
| | | 0 | | | 3 | |
| 2 | | | 4 | | | |
| | 3 | | 4 | | 4 | |
| | | | | | | 2 |
| | | | | | | |

## 86)

| | 1 | 2 | | | | |
|---|---|---|---|---|---|---|
| | | | 3 | | | |
| | | 3 | | | | |
| | | | 4 | | 2 | |
| | 3 | | | | | 2 |
| 1 | 2 | | | | 3 | |
| | | | | 0 | | 1 |

87)

| | 3 | | | | | |
|---|---|---|---|---|---|---|
| | 4 | | 4 | | | |
| 0 | | | | 2 | | 1 |
| | | | 3 | 4 | 2 | |
| | | 3 | | | | 1 |
| | | 3 | | | | |
| | 1 | | | | | |

88)

| | | | | 2 | | |
|---|---|---|---|---|---|---|
| | | | | | 4 | |
| | | | 3 | | | 1 |
| 1 | 2 | | | | 3 | 2 |
| | 1 | | | | 2 | |
| 1 | | | 2 | | | 1 |
| | 1 | 1 | | 2 | | |

89)

| | | 2 | | 1 | | |
|---|---|---|---|---|---|---|
| | 1 | | | | | |
| | | | 4 | | | 2 |
| | | | 3 | | 4 | |
| | | | | 0 | | |
| | | | | | | |
| | | | | 2 | | |

90)

| | | | | | 1 | |
|---|---|---|---|---|---|---|
| | | 2 | | | | |
| | | | 4 | | | |
| | | 4 | | 4 | | 1 |
| | | | | | | |
| | 2 | 3 | 3 | 3 | | 2 |
| | 1 | | 1 | | | |

91)

| 1 |   |   | 2 |   | 2 |   |
|---|---|---|---|---|---|---|
| 1 | 3 |   |   | 1 |   |   |
|   | 2 |   | 2 | 0 |   | 1 |
|   | 3 |   | 4 |   |   | 2 |
|   |   |   |   |   |   |   |
|   | 1 |   | 2 |   | 3 |   |
|   |   |   |   |   |   |   |

## 92)

| | | | 1 | | 3 | |
|---|---|---|---|---|---|---|
| 1 | 2 | | | | | 2 |
| | 2 | | 1 | | | |
| | | | 3 | 3 | 2 | |
| | | | | | | 3 |
| | | 1 | | | | |
| | | | | 1 | | |

93)

| | 1 | | | 1 | | |
|---|---|---|---|---|---|---|
| | | 2 | 1 | | 3 | |
| 1 | | | 3 | 3 | | 2 |
| | 2 | | | | | 2 |
| | | | 3 | | | |
| | | 2 | | 0 | 1 | |
| | 1 | 1 | | | | |

## 94)

| | 1 | | 1 | 1 | 1 | |
|---|---|---|---|---|---|---|
| 1 | | 3 | | | | 1 |
| | 2 | | | | 1 | |
| | 1 | | 4 | | 3 | |
| | | | 3 | | | |
| | 0 | | 2 | 3 | | |
| | | 1 | | | 1 | |

95)

| | | 2 | | 3 | | |
|---|---|---|---|---|---|---|
| | | 3 | | 4 | | 1 |
| 1 | 2 | 4 | | 3 | | |
| | | | | | 2 | |
| 1 | | | 3 | | | |
| | | 1 | | 2 | | |
| | | | | | | 1 |

96)

| | | | | 3 | | |
|---|---|---|---|---|---|---|
| | | | | | | 1 |
| | | | | 4 | | 1 |
| 1 | | | | | | |
| | | | 0 | 2 | 2 | |
| | 1 | 2 | | 3 | | |
| | | | | | 2 | |

97)

| | 1 | | 1 | | | 1 |
|---|---|---|---|---|---|---|
| | | 4 | | 4 | | |
| | 2 | | | | 2 | |
| | | | 3 | | 1 | |
| | 1 | | | | 1 | |
| 1 | | | 2 | 1 | 2 | |
| | 2 | | 2 | | 2 | |

98)

| | | | 0 | | | |
|---|---|---|---|---|---|---|
| | | 3 | | | | 1 |
| | | 3 | | 1 | | 1 |
| | | | | | 4 | |
| 1 | | | | | | |
| 1 | 2 | | 2 | 2 | | |
| 1 | | 2 | | | | |

99)

| | | 1 | | | | 1 |
|---|---|---|---|---|---|---|
| | | 2 | | | | |
| | | 3 | | 4 | | |
| | 2 | | | | 1 | |
| 2 | | 2 | | 3 | | 1 |
| | | 1 | | | | |
| | 2 | | | | 2 | |

100)

| | 1 | | | | | |
|---|---|---|---|---|---|---|
| | | 2 | 3 | | 2 | 1 |
| 1 | 1 | | | | 3 | |
| | 1 | | 3 | | 4 | |
| | 2 | | | | 3 | 1 |
| | | | 3 | 2 | | |
| | | 2 | | | | 1 |

## 101)

| | | | 2 | | 2 | |
|---|---|---|---|---|---|---|
| | 2 | | | 3 | | |
| | | 3 | 3 | 4 | | |
| | | 2 | | | | |
| | | | 4 | 3 | 1 | |
| | 2 | | | | | |
| | | 3 | 2 | | | |

102)

| | 2 | | 1 | | | |
|---|---|---|---|---|---|---|
| | | | | | | 2 |
| | 4 | | 2 | | | 2 |
| 1 | | 1 | 2 | | | |
| | 2 | | 2 | | 2 | |
| | | | | 2 | | |
| | | 2 | 1 | | | |

103)

| | | 1 | 2 | 1 | | |
|---|---|---|---|---|---|---|
| | | | 3 | | | |
| | | | 3 | | | |
| 1 | | 2 | | 3 | | |
| | | | 2 | 3 | | 2 |
| | 1 | | | | 4 | 3 |
| | | | | | | |

104)

| | | | | | 1 | 1 |
|---|---|---|---|---|---|---|
| | | | 1 | 2 | | |
| | | | | | | 3 |
| | 4 | | 3 | | 3 | |
| | | | 2 | | 2 | |
| | | 4 | | | | 1 |
| | 2 | | | | | |

## 105)

| 1 |   |   | 1 |   |   |   |
|---|---|---|---|---|---|---|
|   |   |   |   |   | 0 |   |
| 2 |   | 3 |   | 2 |   | 2 |
|   |   |   | 1 |   |   |   |
|   |   | 2 |   |   | 3 |   |
|   | 4 |   | 2 |   |   |   |
|   | 2 |   |   |   |   |   |

106)

| | 1 | | | | 2 | 2 |
|---|---|---|---|---|---|---|
| 1 | | 2 | | 3 | | |
| | | | | | | 3 |
| | 3 | | | | 2 | |
| 2 | | 3 | 2 | | | |
| | | | | 1 | | |
| | 1 | 2 | | 1 | | |

107)

| | | 3 | | 3 | | |
|---|---|---|---|---|---|---|
| | 2 | | | | | |
| 1 | | 4 | | 2 | | 1 |
| | | | | 1 | 2 | |
| | | 2 | 3 | | | 1 |
| | 1 | | | 2 | | |
| | | 2 | | | | |

## 108)

| 2 | 3 |   | 1 |   |   |   |
|---|---|---|---|---|---|---|
|   |   | 2 | 1 |   |   |   |
|   |   | 3 |   |   |   |   |
|   |   | 4 |   | 3 |   | 1 |
|   |   | 4 |   |   |   |   |
|   | 1 | 2 | 2 |   |   | 1 |
|   |   |   |   |   |   |   |

109)

| 1 |   |   |   | 1 |   |   |
|---|---|---|---|---|---|---|
|   | 2 | 2 |   | 1 | 4 |   |
|   | 1 |   | 2 |   | 2 |   |
|   | 2 |   |   |   |   | 2 |
|   | 2 |   | 3 |   | 1 |   |
|   |   |   |   |   |   | 1 |
|   |   |   |   |   |   |   |

110)

| | 1 | | 3 | | | |
|---|---|---|---|---|---|---|
| | | | | | | |
| | 4 | | | | 3 | 2 |
| 3 | | | 1 | 1 | | |
| | 3 | | 2 | | 3 | |
| 1 | | 0 | | | | |
| | | | | | 1 | |

111)

| | 2 | | 1 | | | |
|---|---|---|---|---|---|---|
| | | | | 1 | | |
| | | 3 | | | | |
| | 1 | | | 2 | | 3 |
| 1 | 2 | | | | 4 | |
| 1 | | | 2 | | 3 | |
| | | | | | 2 | |

112)

| | | 0 | 1 | | | |
|---|---|---|---|---|---|---|
| | | | 2 | | | 1 |
| 1 | | | 2 | | 2 | |
| | 3 | | 3 | | 2 | |
| | 2 | | | 3 | | |
| | | 4 | | | 2 | |
| 1 | | | | 2 | | 1 |

113)

| | | | 1 | 2 | 1 | 1 |
|---|---|---|---|---|---|---|
| | | 2 | | 3 | | |
| | 1 | 3 | | 3 | | |
| | | 2 | | | | |
| | | 1 | | 2 | | 1 |
| | | 1 | | | 4 | 3 |
| | | | 2 | | | |

114)

| 2 |   |   |   |   |   |   |
|---|---|---|---|---|---|---|
|   | 3 |   |   |   |   | 1 |
|   |   |   | 4 | 3 |   |   |
|   |   | 0 |   |   | 2 |   |
| 1 |   |   | 2 | 1 |   |   |
|   | 2 |   |   | 1 |   |   |
|   |   | 1 | 2 |   |   |   |

115)

| | | | 2 | | 1 | |
|---|---|---|---|---|---|---|
| | | | | 3 | 2 | |
| | | | | | | |
| 1 | | | 0 | 3 | | |
| | | 2 | 1 | | | |
| | 3 | | | 3 | | |
| | | | 3 | | 2 | |

116)

| | 1 | | 1 | | | 1 |
|---|---|---|---|---|---|---|
| 1 | | | | | 2 | |
| | | 0 | | 1 | | 1 |
| | | | 4 | | | |
| 1 | | | | | 2 | |
| | 3 | 3 | 3 | | | |
| 2 | | | | 1 | | 1 |

117)

| | 1 | | | | | |
|---|---|---|---|---|---|---|
| 1 | | | 2 | | | |
| | | 3 | | 4 | | |
| | 1 | | 4 | | 2 | |
| 1 | 2 | | | 3 | | |
| | | 3 | | | | |
| | | | 2 | | 1 | |

118)

| | | | | 0 | | |
|---|---|---|---|---|---|---|
| | | 2 | | | | 1 |
| 2 | | | | 2 | | |
| | | 3 | | 3 | | 2 |
| | | | | | 4 | 2 |
| | 2 | | 3 | | | 1 |
| 1 | | 2 | 2 | | | |

119)

| | | | | | | |
|---|---|---|---|---|---|---|
| 1 | | 4 | | | 1 | |
| | 1 | 2 | 1 | | | 2 |
| | | | | | | 2 |
| | | 2 | | 3 | | 3 |
| | | | | | | |
| 1 | | 1 | | 1 | | 1 |

## 120)

| | | 0 | 1 | | | |
|---|---|---|---|---|---|---|
| 1 | | | 2 | | | 1 |
| 2 | | | | | 3 | |
| | 4 | | | | 3 | |
| | 4 | | 4 | | | |
| | | | | 1 | 1 | 1 |
| | | 1 | | | | |

121)

| | | | 1 | | 3 | |
|---|---|---|---|---|---|---|
| 1 | 2 | | | | | 2 |
| | 2 | | 1 | | | |
| | | | 3 | 3 | | 1 |
| | | | | | | 3 |
| | | 1 | | 4 | | |
| | | | | | | |

122)

| | | 1 | | | | 1 |
|---|---|---|---|---|---|---|
| 1 | 3 | | | 1 | | |
| 1 | | | 3 | 0 | | |
| | | | 4 | | | 2 |
| | 2 | | 3 | | | |
| | 1 | | 3 | | 3 | |
| | | | | | | |

123)

| | 1 | | | | 2 | 1 |
|---|---|---|---|---|---|---|
| | 1 | | | | | |
| | | 3 | | 4 | | |
| | 1 | | 4 | | | |
| 1 | 2 | | | 3 | 2 | |
| | | 2 | | | | |
| | | | 2 | | | |

124)

| | 2 | | 1 | | 2 | |
|---|---|---|---|---|---|---|
| 1 | | | | | | |
| | | 2 | | 3 | | 2 |
| | | 1 | | | | |
| | | 2 | | 3 | | |
| 1 | | | | 0 | | |
| | 1 | | | | 2 | |

125)

| 1 |   |   | 1 |   |   |   |
|---|---|---|---|---|---|---|
|   | 3 |   |   | 3 |   |   |
| 1 |   | 3 |   |   |   |   |
|   | 1 |   | 3 |   | 3 |   |
|   |   |   |   | 2 |   |   |
|   | 1 | 2 |   |   | 1 |   |
| 1 |   |   |   |   |   |   |

126)

| | | | | | | |
|---|---|---|---|---|---|---|
| | | | | | | |
| | 3 | | | | | |
| | | | | | 1 | |
| | 4 | | | 2 | | |
| 3 | | 2 | 2 | | 4 | |
| | | | 2 | | 3 | |
| 2 | | | | 1 | 2 | 1 |

127)

| | | | | | | 2 |
|---|---|---|---|---|---|---|
| | | | 2 | | 4 | |
| | | 3 | | 2 | | 2 |
| | | 4 | 3 | | | |
| | 2 | | | | | |
| | | | | 2 | | |
| | | | | | | |

128)

| 2 |   |   |   |   |   |   |
|---|---|---|---|---|---|---|
|   | 3 |   |   |   |   |   |
| 1 |   |   | 4 | 3 | 2 |   |
|   |   | 0 |   |   |   |   |
| 1 |   |   | 2 |   |   |   |
|   | 2 |   |   | 1 |   |   |
|   |   |   | 2 |   | 1 |   |

129)

| | | | | | | |
|---|---|---|---|---|---|---|
| 1 | | 3 | | 3 | | |
| | 1 | 3 | | | | 1 |
| | | | 3 | 4 | | 2 |
| | | | 2 | 3 | | 3 |
| | 1 | 1 | | | 4 | |
| | | | 1 | | | 2 |

130)

| | | | 1 | 1 | | |
|---|---|---|---|---|---|---|
| | 1 | | | 3 | | |
| 1 | | 3 | | | | |
| | 1 | | 3 | | | |
| | | 2 | | 2 | | |
| 2 | | | 3 | | | |
| | 3 | | 2 | 1 | | |

131)

| | 1 | | 1 | | | 1 |
|---|---|---|---|---|---|---|
| | 1 | | 1 | | | |
| 1 | | 1 | | 4 | | 4 |
| | | | 3 | | | |
| | 2 | | | | 4 | |
| | 1 | | | 2 | | |
| | | | 1 | 1 | | |

132)

| | 1 | | | | | |
|---|---|---|---|---|---|---|
| | | 1 | | | | |
| | | 2 | | | | |
| 2 | | 1 | | | | 2 |
| | | 3 | | 4 | | |
| | 2 | | | | 2 | 2 |
| | | 2 | 2 | | 1 | |

133)

| | 1 | 2 | | 2 | | 1 |
|---|---|---|---|---|---|---|
| | | 3 | | | | |
| | | | 4 | | 3 | |
| | | | | | | 0 |
| | | | | | 3 | |
| | | 1 | 3 | | 2 | |
| | | | 2 | | | |

134)

| | | 1 | | | | |
|---|---|---|---|---|---|---|
| | 3 | | 2 | | | |
| | | 3 | | | | |
| 4 | 4 | | | | | |
| | | | 2 | | | |
| | | 2 | | | 2 | |
| | | | 3 | | | |

135)

| | 1 | 2 | 3 | | | 1 |
|---|---|---|---|---|---|---|
| | | | | | | |
| 1 | | | | 4 | | 2 |
| | | | 0 | | | |
| | | 3 | 3 | | 3 | |
| | | | | | 2 | |
| | | | | 2 | | 1 |

## 136)

| | | | | | 2 | |
|---|---|---|---|---|---|---|
| | | | | 3 | | |
| 1 | | | 2 | | 4 | 3 |
| | 2 | 3 | | | | 1 |
| | | 2 | | | | |
| | 2 | 4 | | | | |
| | | 2 | | | | |

137)

| | | 2 | | | | |
|---|---|---|---|---|---|---|
| 1 | | | | 2 | | |
| | 0 | | | 3 | 3 | |
| | 2 | 4 | | | 2 | |
| 1 | | | | | | 2 |
| | | | | 1 | | |
| | | | | 1 | | |

138)

| | 2 | | | | | |
|---|---|---|---|---|---|---|
| | | | 3 | | | |
| | 1 | | | | 3 | |
| | | | 4 | | | 2 |
| | 2 | | | | 3 | |
| 1 | | 2 | 3 | 3 | | |
| | | | | | | |

139)

| | | 2 | 1 | | | |
|---|---|---|---|---|---|---|
| 1 | | 3 | | | 1 | |
| | 2 | | | | | 1 |
| | 2 | 1 | 4 | | 4 | |
| | | | | | | |
| | 0 | | 3 | 3 | | |
| | | 1 | | | 1 | |

140)

| 1 |   |   |   |   |   |   |
|---|---|---|---|---|---|---|
|   | 3 |   |   | 2 |   | 2 |
|   | 4 |   |   |   | 4 |   |
| 2 |   | 2 |   |   | 4 |   |
|   |   |   |   | 3 |   |   |
|   |   |   |   |   |   |   |
|   |   | 1 |   |   |   |   |

141)

| | 2 | | | | | |
|---|---|---|---|---|---|---|
| 4 | | | | | | 2 |
| | | 2 | | | | 2 |
| | 3 | | | | | 1 |
| | 2 | | 0 | | 1 | |
| 2 | | | | | | 1 |
| 2 | | | | 1 | 1 | |

142)

| | 1 | 2 | 2 | | 2 | |
|---|---|---|---|---|---|---|
| 2 | | 4 | | 3 | | |
| | | 4 | | | 0 | |
| | | 3 | | | | |
| | 2 | | | 2 | | 1 |
| | | 3 | | | | |
| 1 | | 2 | | 2 | | |

143)

| 2 |   |   |   |   |   | 1 |
|---|---|---|---|---|---|---|
|   | 3 |   |   | 1 |   |   |
| 1 | 3 | 2 | 2 | 0 |   |   |
|   |   |   | 4 |   |   | 2 |
|   |   |   |   |   |   |   |
|   |   |   |   |   | 3 |   |
|   |   |   |   |   |   |   |

144)

| 1 |   | 1 |   |   |   |   |
|---|---|---|---|---|---|---|
|   |   |   |   |   | 0 |   |
|   |   | 3 |   | 2 |   |   |
|   | 2 |   | 4 |   | 1 |   |
|   | 1 | 2 |   |   |   | 2 |
|   |   |   | 1 |   |   |   |
| 1 |   | 1 |   |   | 3 |   |

145)

| | | | 1 | | 2 | 2 |
|---|---|---|---|---|---|---|
| | 2 | | 3 | | | |
| 1 | | | | | | |
| | 3 | | 4 | | | |
| 2 | 3 | | | | | |
| | | 3 | 2 | | | |
| | | | | | | |

## 146)

| | | | | 2 | | 1 |
|---|---|---|---|---|---|---|
| | | 2 | | 3 | | |
| | | | | 4 | | |
| | | 2 | | | | |
| | | 1 | | 3 | | 2 |
| | | 1 | | | 3 | 2 |
| | | | 2 | | | 1 |

147)

| | | | | | | |
|---|---|---|---|---|---|---|
| | 1 | | | | | |
| | 2 | | 3 | | | |
| | | | | | | |
| 1 | 3 | | 4 | | | 1 |
| 1 | | | | | 3 | |
| | 2 | | 3 | | 4 | |
| 1 | | | | | | |

## 148)

| | | | 2 | | | |
|---|---|---|---|---|---|---|
| | 4 | | | | | |
| 2 | | | 2 | | | 1 |
| | 3 | | 1 | | | |
| 1 | | | | 3 | | |
| | 2 | | | | 2 | |
| | | | 3 | 1 | | |

149)

| 1 |   |   |   | 1 |   |   |
|---|---|---|---|---|---|---|
|   |   | 4 |   |   |   |   |
| 2 | 3 |   |   | 2 | 1 |   |
|   | 2 |   |   |   | 2 |   |
|   |   |   | 4 |   | 3 |   |
|   |   | 0 |   |   |   | 1 |
|   |   |   |   |   | 2 |   |

150)

| 1 |   | 1 |   |   |   | 1 |
|---|---|---|---|---|---|---|
|   | 4 |   | 2 |   |   | 2 |
|   |   |   | 3 | 3 |   |   |
| 1 |   | 2 |   |   |   |   |
| 1 |   |   |   |   |   |   |
|   | 1 |   |   | 1 |   |   |
|   |   |   | 1 | 1 |   |   |

# 7 x 7

# ANSWERS

## 65)

| | | 2 | 1 | | | |
|---|---|---|---|---|---|---|
| ● | ● | 4 | ● | 2 | | |
| 2 | 4 | ● | ● | | 1 | |
| | | ● | ● | 3 | 2 | ● |
| | 1 | | 4 | ● | 3 | 1 |
| | | 0 | | ● | | |
| | | | | | | |

## 68)

| 1 | | | | | | |
|---|---|---|---|---|---|---|
| | ● | ● | 2 | | | |
| | ● | 4 | ● | 2 | | |
| 2 | 2 | 4 | 3 | ● | | |
| | ● | | ● | 2 | | |
| | | ● | | | | |
| | | ● | 3 | ● | | |

## 66)

| | 1 | ● | | | | |
|---|---|---|---|---|---|---|
| | 2 | 3 | 3 | ● | | |
| 1 | ● | | ● | 3 | 2 | |
| | 2 | | 3 | ● | 2 | |
| 2 | ● | 2 | | ● | | 0 |
| 3 | ● | | 1 | | | 1 |
| 2 | ● | | | 1 | ● | |

## 69)

| ● | 2 | | 1 | | | |
|---|---|---|---|---|---|---|
| 2 | ● | | ● | 1 | | 1 |
| | | | 1 | | 2 | ● |
| | | | | | 3 | ● |
| | | 3 | 3 | | 3 | ● |
| | ● | ● | ● | ● | | |
| 1 | 2 | | 3 | | | |

## 67)

| 1 | 2 | | 2 | ● | 2 | 1 |
|---|---|---|---|---|---|---|
| 2 | ● | ● | | | ● | |
| ● | 4 | 3 | 2 | | | 2 |
| 1 | | ● | | | ● | 1 |
| | 2 | ● | 3 | ● | 3 | |
| | | | | 2 | ● | |
| | | | | | | |

## 70)

| | | | 1 | ● | 3 | ● |
|---|---|---|---|---|---|---|
| 1 | 2 | | | | ● | 2 |
| ● | 2 | ● | 1 | | | |
| | | | 3 | 1 | | 1 |
| | 1 | ● | | ● | 2 | ● |
| | | 3 | ● | 2 | | 1 |
| | ● | | 1 | | | |

71)

| 1 |  | 2 | ● | 2 |  |  |
|---|---|---|---|---|---|---|
|  | ● |  |  | ● | 1 |  |
|  |  | 2 | ● | 3 |  |  |
|  |  | 1 | 3 | ● |  |  |
| ★ |  |  |  | ● | 3 |  |
|  |  | ● | 4 | ● | 2 |  |
|  |  | ● | 3 | 1 |  |  |

74)

|  |  |  |  |  | ● | 1 |
|---|---|---|---|---|---|---|
|  | 2 |  | 0 | 1 | 1 |  |
| ● | ● |  | 3 | 2 |  |  |
| 4 | ● | ● | ● | ● |  | 1 |
| ● | 3 |  |  | 2 |  | ● |
| 2 |  |  |  |  | 1 |  |
| 1 | ● |  |  |  |  | 0 |

72)

| ● | ● | ● |  | ● | 2 |  |
|---|---|---|---|---|---|---|
| 2 | 3 |  |  |  | ● | 1 |
|  |  | 2 |  | ● | 2 |  |
|  | ● | ● | 2 | 1 |  |  |
|  | 4 | 4 | 2 |  |  |  |
| 1 | ● | ● |  | 0 |  |  |
|  |  | 2 | 1 |  |  |  |

75)

|  |  |  | 1 | 2 | ● |  |
|---|---|---|---|---|---|---|
| 0 |  | 2 | ● | 3 | 2 | 2 |
|  | 1 | ● |  |  | ● | 2 |
|  | 3 | 3 |  | 3 | ● |  |
|  | ● | ● |  | 4 | ● |  |
|  | 1 | 2 | 3 | ● | ● | 2 |
|  |  |  | 1 |  |  |  |

73)

|  |  |  |  | 2 | 1 |  |
|---|---|---|---|---|---|---|
|  | ● | 3 | ● | 3 | ● |  |
|  | 2 | ● |  | 3 | ● |  |
|  |  |  |  |  |  |  |
|  | 1 | 1 |  | 2 | ● | 1 |
| 1 | ● |  |  | ● | 4 | 2 |
|  |  |  | 2 | ● | ● | 1 |

76)

|  | 2 | ● | 1 |  | 2 | ● |
|---|---|---|---|---|---|---|
| 1 | ● |  |  |  |  | ● |
|  |  | 2 |  | 3 |  |  |
|  |  | 1 | ● | ● | ● |  |
|  |  | 2 |  | 3 |  |  |
| 1 | ● |  |  | 0 |  | ● |
|  | 1 |  |  |  | 2 | ● |

77)

| | | | | | | |
|---|---|---|---|---|---|---|
| 1 | | | ● | 2 | 2 | 2 |
| ● | | 1 | | | ● | ● |
| | 2 | | 2 | ● | 4 | |
| 1 | ● | | 3 | ● | | 0 |
| | 2 | ● | 3 | 2 | | |
| | | | | ● | | |
| | | ● | 2 | 1 | | |

80)

| | | | | | | |
|---|---|---|---|---|---|---|
| | | ● | 1 | | | |
| 2 | ● | 2 | 1 | | ★ | |
| ● | 2 | | | | | |
| | | | | ● | 3 | ● |
| | | | ● | 3 | 4 | ● |
| | 0 | | 2 | 3 | ● | |
| | | 1 | ● | | 1 | |

78)

| | | | | | | |
|---|---|---|---|---|---|---|
| | 1 | 0 | 2 | ● | | |
| ● | | | 3 | ● | | |
| 1 | 2 | ● | | 2 | | |
| | 3 | | 1 | | ● | |
| ● | ● | 3 | | 2 | | |
| 2 | 3 | ● | ● | | | 1 |
| | | 2 | | 1 | 1 | ● |

81)

| | | | | | | |
|---|---|---|---|---|---|---|
| | | ● | 4 | ● | | 1 |
| | | ● | ● | 3 | ● | |
| | 2 | | | | 1 | |
| | ● | | 0 | 1 | | 2 |
| 3 | ● | 3 | | | ● | ● |
| | ● | | | 1 | | |
| | | | | | | |

79)

| | | | | | | |
|---|---|---|---|---|---|---|
| | | | 2 | | 1 | |
| | 1 | ● | | ● | | |
| | | 2 | | 2 | | 1 |
| 1 | 3 | ● | 2 | 2 | ● | 1 |
| | ● | ● | | ● | 4 | |
| | | 3 | | ● | ● | |
| | 1 | ● | 2 | 2 | | 1 |

82)

| | | | | | | |
|---|---|---|---|---|---|---|
| 1 | | | | ● | 3 | ● |
| ● | 1 | | | | | ● |
| | 1 | | | 0 | | |
| | | | 2 | | | ● |
| | | ● | ● | | ● | 3 |
| | | 3 | ● | 3 | 2 | ● |
| | | | 1 | | | |

83)

| 1 |  |  |  |  |  |  |
|---|---|---|---|---|---|---|
|  | ● | 2 |  |  |  |  |
| 4 | ● |  | 1 |  | 1 |  |
| ● | ● | 3 | ● | 3 | ● | 1 |
|  |  |  |  | ● | 2 |  |
| ● | ● | 2 |  |  |  |  |
| 3 | ● |  |  |  |  |  |

84)

|  | ● | 3 | ● | 2 |  | 1 |
|---|---|---|---|---|---|---|
| 3 | ● |  | 3 |  | ● |  |
|  | ● | ● | ● |  | 2 |  |
|  |  | 4 | ● | ● | 1 |  |
|  | 0 |  | 3 | 3 |  |  |
|  |  |  |  | ● |  |  |
|  |  |  |  |  | 1 |  |

85)

|  |  |  | 1 |  |  |  |
|---|---|---|---|---|---|---|
|  |  |  |  | ● |  |  |
| ● |  | 0 |  | ● | 3 |  |
| 2 |  |  | 4 | ● |  |  |
| ● | 3 | ● | 4 | ● | 4 | ● |
|  |  |  | ● |  | ● | 2 |
|  |  |  |  |  |  |  |

86)

|  | 1 | 2 | ● |  |  |  |
|---|---|---|---|---|---|---|
|  |  | ● | 3 |  | ★ |  |
|  |  | 3 | ● |  |  |  |
|  |  | ● | 4 |  | 2 |  |
| ● | 3 | ● |  | ● | ● | 2 |
| 1 | 2 |  |  |  | 3 | ● |
|  |  |  |  | 0 |  | 1 |

87)

| ● | 3 | ● |  |  |  |  |
|---|---|---|---|---|---|---|
|  | 4 | ● | 4 |  |  |  |
| 0 |  | ● | ● | 2 | ● | 1 |
|  |  |  | 3 | 4 | 2 |  |
|  | ● | 3 | ● |  | ● | 1 |
|  | ● | 3 |  |  |  |  |
|  | 1 |  |  |  |  |  |

88)

|  |  |  |  | 2 | ● |  |
|---|---|---|---|---|---|---|
|  |  |  |  | ● | 4 |  |
|  | ● |  | 3 | ● | ● | 1 |
| 1 | 2 | ● |  |  | 3 | 2 |
|  | 1 |  |  |  | 2 | ● |
| 1 |  |  | 2 | ● |  | 1 |
| ● | 1 | 1 | ● | 2 |  |  |

89)

| | | 2 | | 1 | | |
|---|---|---|---|---|---|---|
| | 1 | ● | ● | | | |
| | | | 4 | ● | ● | 2 |
| | | ● | 3 | | 4 | ● |
| | | ● | | 0 | | ● |
| | | | | | | |
| | | | ● | 2 | ● | |

92)

| | | | 1 | ● | 3 | ● |
|---|---|---|---|---|---|---|
| 1 | 2 | | | | ● | 2 |
| ● | 2 | ● | 1 | | | |
| | | | 3 | 3 | 2 | |
| | | | ● | ● | ● | 3 |
| | | 1 | | | ● | ● |
| | | | | 1 | | |

90)

| | | | | | 1 | |
|---|---|---|---|---|---|---|
| | | 2 | ● | ● | | |
| | | ● | 4 | | | |
| | | 4 | ● | 4 | | 1 |
| | | ● | ● | ● | ● | |
| | 2 | 3 | 3 | 3 | | 2 |
| | 1 | ● | 1 | | | ● |

93)

| | 1 | | | 1 | ● | |
|---|---|---|---|---|---|---|
| | ● | 2 | 1 | | 3 | ● |
| 1 | | ● | 3 | 3 | ● | 2 |
| | 2 | | ● | ● | | 2 |
| | | ● | 3 | | | ● |
| | ● | 2 | | 0 | 1 | |
| | 1 | 1 | | | | |

91)

| 1 | ● | ● | 2 | ● | 2 | |
|---|---|---|---|---|---|---|
| 1 | 3 | | | 1 | | ● |
| | 2 | ● | 2 | 0 | | 1 |
| | 3 | ● | 4 | | | 2 |
| | | ● | | ● | ● | ● |
| | 1 | | 2 | | 3 | |
| | | | | | | |

94)

| | 1 | | 1 | 1 | 1 | ● |
|---|---|---|---|---|---|---|
| 1 | ● | 3 | ● | | | 1 |
| | 2 | | ● | | 1 | |
| | 1 | ● | 4 | ● | 3 | |
| | | | 3 | ● | | ● |
| | 0 | | 2 | 3 | ● | |
| | | 1 | ● | | 1 | |

172

95)

| | | 2 | ● | 3 | | |
|---|---|---|---|---|---|---|
| | | 3 | ● | 4 | ● | 1 |
| 1 | 2 | 4 | ● | 3 | | |
| | ● | ● | | | 2 | |
| 1 | | ● | 3 | ● | ● | |
| | | 1 | | 2 | | ● |
| | | | | | | 1 |

98)

| | ● | | 0 | | | |
|---|---|---|---|---|---|---|
| | ● | 3 | | | | 1 |
| | ● | 3 | | 1 | ● | 1 |
| | ● | | | | 4 | |
| 1 | | | | ● | ● | ● |
| 1 | 2 | ● | 2 | 2 | | |
| 1 | ● | 2 | | | | |

96)

| | | | 3 | ● | |
|---|---|---|---|---|---|
| | ★ | | ● | ● | 1 |
| | | | ● | 4 | 1 |
| 1 | | | | | ● |
| | ● | | 0 | 2 | 2 |
| | 1 | 2 | | 3 | ● |
| | | | ● | ● | 2 |

99)

| | | 1 | | | | 1 |
|---|---|---|---|---|---|---|
| | | 2 | ● | | ● | |
| | | 3 | ● | 4 | | |
| | 2 | ● | | ● | 1 | |
| 2 | ● | 2 | | 3 | | 1 |
| ● | | 1 | | ● | ● | |
| ● | 2 | | | | 2 | |

97)

| | 1 | | 1 | | | 1 |
|---|---|---|---|---|---|---|
| | ● | 4 | ● | 4 | ● | |
| | 2 | ● | ● | ● | 2 | |
| | | | 3 | | 1 | |
| | 1 | | | | 1 | |
| 1 | ● | | 2 | 1 | 2 | ● |
| | 2 | ● | 2 | ● | 2 | |

100)

| | 1 | ● | ● | | | |
|---|---|---|---|---|---|---|
| | | 2 | 3 | | 2 | 1 |
| 1 | 1 | | | ● | 3 | ● |
| ● | 1 | | 3 | ● | 4 | |
| | 2 | | | ● | 3 | 1 |
| | | ● | 3 | 2 | | ● |
| | | 2 | ● | | | 1 |

173

101)

| | | | 2 | ● | 2 | |
|---|---|---|---|---|---|---|
| | 2 | ● | | 3 | ● | |
| | ● | 3 | 3 | 4 | ● | |
| | | 2 | ● | ● | | |
| | | | 4 | 3 | 1 | |
| | 2 | ● | ● | | | |
| | ● | 3 | 2 | | | |

104)

| | | | | | 1 | 1 |
|---|---|---|---|---|---|---|
| | | | 1 | 2 | ● | |
| | | ● | | | ● | 3 |
| | 4 | ● | 3 | | 3 | ● |
| | ● | ● | 2 | | 2 | ● |
| | ● | 4 | | | | 1 |
| | 2 | ● | | | | |

102)

| | 2 | | 1 | | | |
|---|---|---|---|---|---|---|
| | ● | ● | | | ● | 2 |
| ● | 4 | ● | 2 | | ● | 2 |
| 1 | | 1 | 2 | | | |
| | 2 | | 2 | ● | 2 | |
| | ● | ● | | 2 | ● | |
| | | 2 | 1 | | | |

105)

| 1 | | | 1 | | | |
|---|---|---|---|---|---|---|
| | ● | ● | | | 0 | |
| 2 | ● | 3 | | 2 | | 2 |
| | | | 1 | ● | ● | ● |
| ● | ● | 2 | | | 3 | |
| | 4 | ● | 2 | | | |
| | 2 | ● | | | | |

103)

| | | 1 | 2 | 1 | | |
|---|---|---|---|---|---|---|
| | | ● | 3 | ● | | |
| | | | 3 | ● | | |
| 1 | ● | 2 | | 3 | ● | |
| | ● | 2 | 3 | ● | 2 | |
| | 1 | | | ● | 4 | 3 |
| | | | | | ● | ● |

106)

| | 1 | | | | 2 | 2 |
|---|---|---|---|---|---|---|
| 1 | ● | 2 | | 3 | ● | ● |
| | | ● | | ● | ● | 3 |
| ● | 3 | | | | 2 | |
| 2 | ● | 3 | 2 | | | |
| | | ● | ● | 1 | | |
| | 1 | 2 | | 1 | | |

174

107)

| | | 3 | ● | 3 | | |
|---|---|---|---|---|---|---|
| | 2 | ● | ● | ● | | |
| 1 | ● | 4 | | 2 | | 1 |
| | | ● | | 1 | 2 | ● |
| | | 2 | 3 | ● | | 1 |
| | 1 | ● | | 2 | | |
| | | 2 | ● | | | |

110)

| | 1 | | 3 | | | |
|---|---|---|---|---|---|---|
| | | ● | ● | ● | | |
| ● | 4 | | | | 3 | 2 |
| 3 | ● | ● | 1 | 1 | ● | ● |
| ● | 3 | | 2 | | 3 | |
| 1 | | 0 | | ● | | |
| | | | | | 1 | |

108)

| 2 | 3 | ● | 1 | | | |
|---|---|---|---|---|---|---|
| ● | ● | 2 | 1 | | ★ | |
| | | 3 | | | | |
| | ● | 4 | ● | 3 | | 1 |
| | ● | 4 | ● | ● | | ● |
| | 1 | 2 | 2 | | | 1 |
| | | | | | | |

111)

| | 2 | | 1 | | | |
|---|---|---|---|---|---|---|
| | ● | ● | | 1 | | |
| | | 3 | ● | | | ● |
| | 1 | | | 2 | ● | 3 |
| 1 | 2 | ● | | | 4 | ● |
| 1 | ● | | 2 | ● | 3 | ● |
| | | | | | 2 | |

109)

| 1 | ● | ● | | 1 | ● | ● |
|---|---|---|---|---|---|---|
| | 2 | 2 | | 1 | 4 | ● |
| | 1 | | 2 | | 2 | ● |
| | 2 | ● | ● | | | 2 |
| | 2 | ● | 3 | | 1 | ● |
| | | | | | | 1 |
| | | | | | | |

112)

| | | 0 | 1 | | | |
|---|---|---|---|---|---|---|
| | | | 2 | ● | | 1 |
| 1 | ● | ● | 2 | | 2 | ● |
| | 3 | | 3 | | 2 | |
| | 2 | ● | ● | 3 | ● | |
| | ● | 4 | ● | | 2 | |
| 1 | | | | 2 | ● | 1 |

**113)**

| | | | 1 | 2 | 1 | 1 |
|---|---|---|---|---|---|---|
| | | 2 | ● | 3 | ● | |
| | 1 | 3 | ● | 3 | | |
| | ● | 2 | | | | |
| | | 1 | | 2 | ● | 1 |
| ★ | | 1 | | ● | 4 | 3 |
| | | ● | 2 | | ● | ● |

**116)**

| ● | 1 | | 1 | ● | | 1 |
|---|---|---|---|---|---|---|
| 1 | | | | | 2 | ● |
| | | 0 | | 1 | | 1 |
| | | | 4 | ● | | |
| 1 | | ● | ● | ● | 2 | |
| ● | 3 | 3 | 3 | | | |
| 2 | ● | | | 1 | ● | 1 |

**114)**

| 2 | ● | | | | | |
|---|---|---|---|---|---|---|
| ● | 3 | ● | ● | ● | | 1 |
| | | | 4 | 3 | | ● |
| | | 0 | | ● | 2 | |
| 1 | | | 2 | 1 | | |
| ● | 2 | ● | | 1 | | |
| | | 1 | 2 | ● | | |

**117)**

| | 1 | | | | | |
|---|---|---|---|---|---|---|
| 1 | ● | | 2 | ● | | |
| | | 3 | ● | 4 | ● | |
| | 1 | ● | 4 | ● | 2 | |
| 1 | 2 | | ● | 3 | | |
| | ● | 3 | | ● | | |
| | | ● | 2 | | 1 | |

**115)**

| | | | 2 | ● | 1 | |
|---|---|---|---|---|---|---|
| | | | ● | 3 | 2 | |
| | | | | | ● | |
| 1 | | | 0 | 3 | ● | |
| | ● | 2 | 1 | | ● | |
| | 3 | ● | | 3 | ● | |
| | | ● | 3 | ● | 2 | |

**118)**

| | | | | 0 | | |
|---|---|---|---|---|---|---|
| | | 2 | | | | 1 |
| 2 | ● | ● | | 2 | ● | |
| | ● | 3 | | 3 | ● | 2 |
| | | | | ● | 4 | 2 |
| | 2 | ● | 3 | ● | ● | 1 |
| 1 | ● | 2 | 2 | | | |

119)

| | | ● | ● | | | |
|---|---|---|---|---|---|---|
| 1 | ● | 4 | ● | | 1 | ● |
| | 1 | 2 | 1 | | | 2 |
| | | | | | ● | 2 |
| | ● | 2 | | 3 | ● | 3 |
| | ● | | | | | ● |
| 1 | | 1 | | 1 | | 1 |

122)

| | | 1 | | | ● | 1 |
|---|---|---|---|---|---|---|
| 1 | 3 | ● | | 1 | | |
| 1 | ● | ● | 3 | 0 | | |
| | | ● | 4 | | | 2 |
| | 2 | ● | 3 | ● | ● | ● |
| | 1 | | 3 | | 3 | |
| | | | ● | | | |

120)

| | | 0 | 1 | | | |
|---|---|---|---|---|---|---|
| 1 | | | 2 | ● | | 1 |
| 2 | ● | | | ● | 3 | ● |
| ● | 4 | ● | ● | | 3 | |
| | 4 | ● | 4 | | ● | |
| | | ● | | 1 | 1 | 1 |
| | | 1 | | | | |

123)

| | 1 | | | | 2 | 1 |
|---|---|---|---|---|---|---|
| | 1 | ● | | ● | ● | |
| | | 3 | ● | 4 | | |
| | 1 | ● | 4 | ● | | |
| 1 | 2 | | ● | 3 | 2 | |
| | ● | 2 | | ● | | |
| | | | 2 | ● | | |

121)

| | | | 1 | ● | 3 | ● |
|---|---|---|---|---|---|---|
| 1 | 2 | | | | ● | 2 |
| ● | 2 | ● | 1 | | | |
| | | | 3 | 3 | | 1 |
| | | | ● | ● | ● | 3 |
| | | 1 | | 4 | ● | ● |
| | | | | | | |

124)

| | 2 | ● | 1 | | 2 | ● |
|---|---|---|---|---|---|---|
| 1 | ● | | | | | ● |
| | | 2 | | 3 | | 2 |
| | | 1 | ● | ● | ● | |
| | | 2 | | 3 | | |
| 1 | ● | | | 0 | | ● |
| | 1 | | | | 2 | ● |

**125)**

| 1 | ● |   | 1 |   |   |   |
|---|---|---|---|---|---|---|
|   | 3 | ● |   | 3 |   |   |
| 1 | ● | 3 | ● | ● | ● |   |
|   | 1 |   | 3 | ● | 3 |   |
|   |   |   |   | 2 |   |   |
|   | 1 | 2 |   | ● | 1 |   |
| 1 | ● |   | ● |   |   |   |

**128)**

| 2 | ● |   |   |   |   |   |
|---|---|---|---|---|---|---|
| ● | 3 | ● | ● | ● |   |   |
| 1 |   |   | 4 | 3 | 2 |   |
|   |   | 0 |   | ● |   |   |
| 1 |   |   | 2 |   |   | ★ |
| ● | 2 | ● |   | 1 |   |   |
|   |   |   | 2 | ● | 1 |   |

**126)**

|   |   |   |   |   |   |   |
|---|---|---|---|---|---|---|
|   | 3 |   |   |   |   |   |
| ● | ● | ● |   |   | 1 |   |
|   | 4 |   |   | 2 | ● |   |
| 3 | ● | 2 | 2 | ● | 4 |   |
| ● | ● |   | 2 | ● | 3 | ● |
| 2 |   |   |   | 1 | 2 | 1 |

**129)**

|   |   |   |   |   |   |   |
|---|---|---|---|---|---|---|
| 1 | ● | 3 | ● | 3 |   |   |
|   | 1 | 3 | ● | ● |   | 1 |
|   |   |   | 3 | 4 | ● | 2 |
|   |   | ● | 2 | 3 | ● | 3 |
|   | 1 | 1 |   | ● | 4 | ● |
|   |   |   | 1 |   | ● | 2 |

**127)**

|   |   |   |   |   | ● | 2 |
|---|---|---|---|---|---|---|
|   |   | ● | 2 | ● | 4 | ● |
|   | ● | 3 |   | 2 | ● | 2 |
|   | ● | 4 | 3 |   |   |   |
|   | 2 | ● | ● | ● |   |   |
|   |   |   |   | 2 |   |   |
|   |   |   |   |   |   |   |

**130)**

|   |   |   | 1 | 1 |   |   |
|---|---|---|---|---|---|---|
|   | 1 |   | ● | 3 |   |   |
| 1 | ● | 3 | ● | ● |   |   |
|   | 1 |   | 3 |   |   | ★ |
|   |   | 2 | ● | 2 |   |   |
| 2 | ● |   | 3 | ● |   |   |
| ● | 3 | ● | 2 | 1 |   |   |

131)

| | 1 | | 1 | | | 1 |
|---|---|---|---|---|---|---|
| | 1 | ● | 1 | | ● | |
| 1 | | 1 | | 4 | ● | 4 |
| ● | | | 3 | ● | ● | ● |
| | 2 | ● | | ● | 4 | |
| | 1 | | ● | 2 | | |
| | | | 1 | 1 | | |

134)

| | | 1 | | | | |
|---|---|---|---|---|---|---|
| | 3 | ● | 2 | | | |
| ● | ● | 3 | ● | | ★ | |
| 4 | 4 | | | | | |
| ● | ● | | 2 | | | |
| | | 2 | ● | ● | 2 | |
| | | | 3 | ● | | |

132)

| | 1 | | | | | |
|---|---|---|---|---|---|---|
| | ● | 1 | | | ★ | |
| ● | | 2 | | | | |
| 2 | | 1 | ● | | ● | 2 |
| ● | | 3 | | 4 | ● | |
| | 2 | ● | ● | | 2 | 2 |
| | | 2 | 2 | | 1 | ● |

135)

| | 1 | 2 | 3 | | | 1 |
|---|---|---|---|---|---|---|
| | | ● | ● | ● | ● | |
| 1 | | | | 4 | | 2 |
| | ● | | 0 | | ● | |
| | | 3 | 3 | | 3 | |
| | | ● | ● | ● | 2 | ● |
| | | | | 2 | | 1 |

133)

| | 1 | 2 | | 2 | | 1 |
|---|---|---|---|---|---|---|
| | ● | 3 | ● | | ● | |
| | | ● | 4 | ● | 3 | |
| | | | | ● | | 0 |
| ★ | | | | ● | 3 | |
| | | 1 | 3 | ● | 2 | |
| | | ● | 2 | | | |

136)

| | | | | | 2 | |
|---|---|---|---|---|---|---|
| | | | ● | 3 | ● | ● |
| 1 | ● | | 2 | ● | 4 | 3 |
| | 2 | 3 | | | ● | 1 |
| | ● | 2 | ● | | | |
| | 2 | 4 | | | | |
| | ● | 2 | ● | | | |

| | ● | 2 | | | | |
|---|---|---|---|---|---|---|
| 1 | | | ● | 2 | | ● |
| | 0 | | ● | 3 | 3 | ● |
| | 2 | 4 | ● | | 2 | ● |
| 1 | ● | ● | | | | 2 |
| | | | | 1 | ● | |
| | | | | 1 | | |

| 1 | | | | | | |
|---|---|---|---|---|---|---|
| ● | 3 | | | 2 | ● | 2 |
| ● | 4 | ● | | ● | 4 | ● |
| 2 | ● | 2 | | ● | 4 | |
| | | | | 3 | ● | |
| | | | ● | | | |
| | | 1 | | | | |

| | 2 | ● | | | | |
|---|---|---|---|---|---|---|
| | | ● | 3 | | | |
| | 1 | | | ● | 3 | ● |
| | | | 4 | | ● | 2 |
| ● | 2 | ● | ● | ● | 3 | |
| 1 | | 2 | 3 | 3 | ● | |
| | | | | | | |

| ● | 2 | | | | | |
|---|---|---|---|---|---|---|
| 4 | ● | | | | ● | 2 |
| ● | ● | 2 | | | ● | 2 |
| ● | 3 | | | | | 1 |
| | 2 | | 0 | | 1 | |
| 2 | ● | | | | ● | 1 |
| 2 | ● | | | 1 | 1 | |

| | ● | 2 | 1 | | | |
|---|---|---|---|---|---|---|
| 1 | | 3 | ● | | 1 | |
| | 2 | ● | | ● | | 1 |
| ● | 2 | 1 | 4 | ● | 4 | ● |
| | | | | ● | | |
| | 0 | | 3 | 3 | | |
| | | 1 | ● | ● | 1 | |

| | 1 | 2 | 2 | ● | 2 | ● |
|---|---|---|---|---|---|---|
| 2 | ● | 4 | ● | 3 | | |
| | ● | 4 | ● | | 0 | |
| | | 3 | | | | |
| | 2 | ● | | 2 | | 1 |
| | ● | 3 | ● | | ● | |
| 1 | | 2 | | 2 | | |

**143)**

| | | | | | | |
|---|---|---|---|---|---|---|
| 2 | ● | | | | ● | 1 |
| ● | 3 | ● | | 1 | | |
| 1 | 3 | 2 | 2 | 0 | | |
| | | ● | 4 | | | 2 |
| | | ● | ● | ● | ● | ● |
| | | | | | 3 | |
| | | | | | | |

**144)**

| | | | | | | |
|---|---|---|---|---|---|---|
| 1 | | 1 | | | | |
| | ● | | | | 0 | |
| ● | | 3 | ● | 2 | | |
| | 2 | ● | 4 | ● | 1 | |
| | 1 | 2 | ● | | | 2 |
| | | | 1 | | ● | ● |
| 1 | ● | 1 | | | 3 | ● |

**145)**

| | | | | | | |
|---|---|---|---|---|---|---|
| | | | 1 | | 2 | 2 |
| | 2 | ● | 3 | | ● | ● |
| 1 | | ● | ● | | | |
| ● | 3 | | 4 | | | |
| 2 | 3 | ● | ● | | ★ | |
| | ● | 3 | 2 | | | |
| | | | | | | |

**146)**

| | | | | | | |
|---|---|---|---|---|---|---|
| | | | ● | 2 | | 1 |
| | | 2 | | 3 | ● | |
| | | | ● | 4 | | |
| ★ | | 2 | ● | | ● | |
| | | 1 | | 3 | ● | 2 |
| | | 1 | | ● | 3 | 2 |
| | | ● | 2 | | ● | 1 |

**147)**

| | | | | | | |
|---|---|---|---|---|---|---|
| | 1 | | | | | |
| | 2 | ● | 3 | | | |
| | | ● | ● | | | |
| 1 | 3 | ● | 4 | | | 1 |
| 1 | ● | | | ● | 3 | ● |
| | 2 | | 3 | ● | 4 | |
| 1 | ● | | | ● | | |

**148)**

| | | | | | | |
|---|---|---|---|---|---|---|
| | | ● | 2 | | | |
| | 4 | ● | | | | |
| 2 | ● | ● | 2 | | | 1 |
| ● | 3 | | 1 | | ● | |
| 1 | | | | 3 | ● | |
| | 2 | ● | | ● | 2 | |
| | | ● | 3 | 1 | | |

149)

| 1 |   | ● |   | 1 |   |   |
|---|---|---|---|---|---|---|
|   | ● | 4 | ● |   |   |   |
| 2 | 3 | ● |   | 2 | 1 |   |
| ● | 2 |   | ● | ● | 2 |   |
|   |   |   | 4 | ● | 3 |   |
|   |   | 0 |   | ● |   | 1 |
|   |   |   |   |   | 2 | ● |

150)

| 1 |   | 1 |   |   |   | 1 |
|---|---|---|---|---|---|---|
|   | 4 |   | 2 |   |   | 2 |
|   |   |   | 3 | 3 |   |   |
| 1 |   | 2 |   |   |   |   |
| 1 |   |   |   |   |   |   |
|   | 1 |   |   | 1 |   | ★ |
|   |   |   | 1 | 1 |   |   |

Create Your Own Puzzles

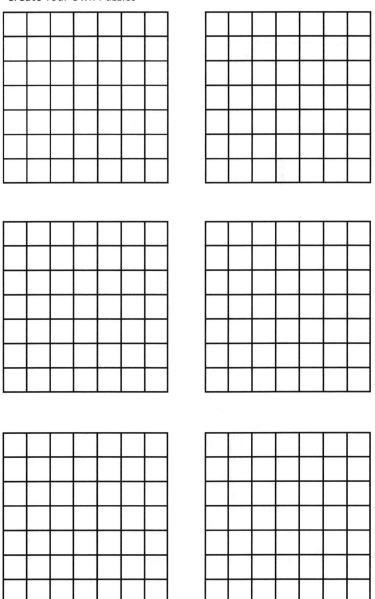

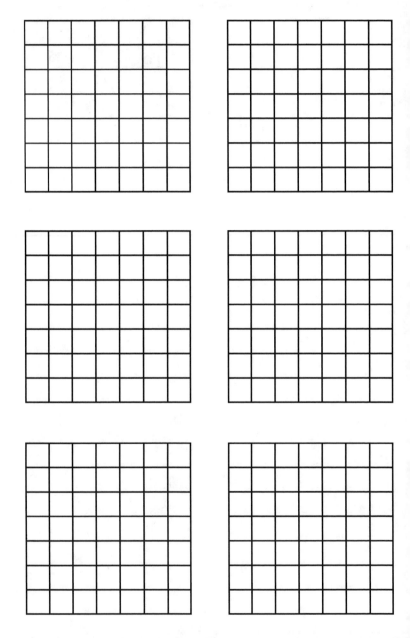